Poemmas

Emma Arlubins

Impresión y Editorial: Books on Demand GmbH
info@bod.com.es — www.bod.com.es
Impreso en Alemania – Printed in Germany

ISBN 9788413268743

Dedicatoria:

Una vez conocí a un poeta, y me enamoré de las letras.

Le dedico esta obra a mi admirado poeta Juan José
Donaire,

por su dedicación a este bello mundo de la literatura.

Nostalgia.

Acariciaba el cielo,
el cielo cerró su puerta,
ahora toca pañuelo,
mi alma se queda muerta.

Doblan campanas de duelo
por un amor que deserta,
solo queda desconsuelo
y el destino acierta.

Mi alma siempre alerta,
fiel al intenso anhelo,
que situación más incierta.

Por mi corazón gemelo
herida mi alma, yerta
a la justicia apelo.

Esclava como esta rima
y esclavo de mi lamento,
hoy levanto el campamento
a ver si mi alma se anima.

———————

Los amantes.

Como dos tortolitos
revolotean los amantes
junto al nido de amor
ya nada es como antes,
ahora triunfa el deseo…

… la fantasía se hace verdad,
y la verdad se hace sitio,
se convierte en realidad…

…. aquello que fue utopía,
y ahora se hace claridad
tu fantasía y la mía.

Ya nada es como antes,
podemos surcar los cielos,
hoy seremos por fin amantes.

____

El canapé inglés.

Un canapé inglés
testigo de unos besos,
cargados de dulzura,
será mi refugio hoy...

Un recuerdo inolvidable,
un amor sin fronteras,
una pasión sin frenos,
una autopista hacía...

... la felicidad que me das
cada vez que te beso,
cada vez que te siento,
cada vez que te adoro.

Un canapé hoy vacío,
pero que guardará siempre,
el secreto de nuestro amor,
que no tendrá fin...

———————

Añoranza.

A penas unas horas
y ya me muero por verte,
te añoro, te necesito,
me faltas, quiero tenerte.

Sé que es puro egoísmo,
pero te añoro mi vida,
y todo me da lo mismo,
solo te quiero a mi lado.

Eres la luz de mi día,
eres mi luna en la noche,
eres lo que yo quería,
eres mi amor vida mía.

Y mi calvario también
porque esto va a ser duro,
todo sea para bien.

Sino este será el final,
el final de mis días,
es un amor letal.

———————————

Mágica mirada.

Hay magia en tu mirada
y el amor en cada escrito,
y leyéndolos yo me excito,
y sin ellos no tengo hada...

Sin tu amor sería la nada,
sin ti yo soy un proscrito,
en tus labios un poquito
quiero respirar, monada...

Dame de tus labios amada,
dame ese beso tan bonito,
atiéndeme a esta llamada...

... mi alma está desarmada
sin tus besos, o sino grito,
y mi alma se queda helada.

———————

Fiel rosa.

La fiel rosa de los vientos,
nos guiará por esos mares
plagados de tempestades,
argumento de mil cuentos.

Mil y una noches de pasión,
y navegaremos sin temor
por esta historia de amor,
que llevamos en el corazón.

La nave dispuesta a zarpar,
foques, trinquete y mesanas
lucen firmes sus badanas.

Hacía el sur o hacía el norte,
allá adónde esté mi amor,
esto no hay quien lo corte.

———————

Mañana te amaré.

Mañana te amaré más,
si te amaré más que hoy,
cada día no es un día más,
es un día mejor si estás ahí…

… y un día menos para amarte
por eso mañana te amaré…
… te amaré otra vez más y más,
así hasta mi último aliento…

… hasta que mi corazón lata,
y mis venas lleven sangre,
te estaré dando yo la lata…

… y así quiero que me ames
como si no hay un mañana…
… demà t'amarè més.

———————

Por mi libertad.

La sombra me atrapa
en sus tupidas redes,
pero no, no, no puedes
conmigo gualtrapa...

Mi libertad está en juego,
no se puede esperar más,
hay que pasar de los demás,
y no dejar esto para luego...

Ahora o nunca se acaba esto,
el tiempo cada vez es menos,
tengo lleno de ilusión el cesto...

... tengo mi corazón contento,
y en cambio mi alma en pena,
dejaré hasta el último aliento...

.... para luchar por mi libertad.

———————

Dos lindas esmeraldas.

Dos lindas esmeraldas,
dos rayos de luz verde,
esas cortas minifaldas
y esa luz que me pierde...

… no hay día que recuerdes
que te diese mis espaldas,
no hay noche que te pierdes
mi deuda de besos saldas...

… besadme bellas guirnaldas
con la mirada que muerde,
luz que mi vida respaldas…

… pardos, azules y gualdas,
nada igual a mi luz verde,
solo tú abres mis baldas.

Abierto a ti, cerrado al mundo.
Solo tu tienes la llave de mi amor.

———————

Díselo luna.

Luna que te escondes
tras ese cerco de nubes,
cuida de nuestro amor
tú que bien lo conoces.

Luna de miel de plata
ilumínanos mañana,
sin esa túnica nubosa
que la noche está triste...

... que mi amor se inquieta
porque estoy muy lejos
solo tu vieja amiga mía
puedes darle este mensaje ...

... te adora, te ama y te amará
desde la distancia pero aquí
dentro de tu corazón está
el hombre que a ti te quiere.
¡¡¡Díselo Luna!!!

———————

Cuenta atrás.

No pasan las horas ni los días,
es como la cuenta atrás
en un reloj de arena atascado,
porque el tiempo solo existe...

... cuando no estoy cerca de ti,
en cambio cuando estás ahí,
para mi el tiempo no existe,
una eternidad estaría contigo.

Siempre que pienso en ti
mi corazón se acelera a tope,
acelerado esta ahora mismo
porque sí, pienso siempre.

Y es que no me gusta pensar
en tonterías ni en bobadas,
prefiero pensar en cosas serias,
y tu eres lo más serio que tengo.

———————

Pasada de tueste.

Tú pasada de tueste
abrasada por el sol
yo con el careto este
y entre claves de sol...

… blancas, negras, fusas
semifusas, corchetes
y las letras confusas,
el corazón un cohete…

… músicas y letras, locura
de estos locos de atar,
y solo tengo una cura...

… fundirme en un abrazo
contigo amor mío,
ese es mi mejor trazo...

... dibujar un corazón
rozando tu espalda
con mis dedos ardientes
sedientos por besar tu piel.

———————

Tanco els ulls.

Tanco els ulls i et veig,
podria dibuixar totes
les corbes del teu cos,
obro els ulls i no hi ets.

Però t'asseguro que...
no t'escapes del meu cor
perque vius dintre.

Tanco els ulls i no dormo,
estic més despert que mai,
la teva bellesa em fascina,
el teu riure em torna boig.

Obro els ulls i sento al meu costat,
perquè estàs predida, com si res,
en el més endins de la meva ànima.

Estic segur que quan els meus ulls
es tanquin de veritat per sempre,
et seguiré veient-te. Estic segur.

Si, si, de vegades es veu més
amb els ulls tancats que oberts.

Unes paraules de foc,
uns petons desde lluny,
no hi haurà còdig groc,
a la taula, un cop de puny.

———————

Preso de un antojo.

Preso de este antojo
ansias de vivir una vida
un intenso código rojo,
algo que no se olvida...

... ya no necesito comida,
muerdo unos labios rojos,
ya no necesito bebida,
me quedo con los hinojos...

... el sabor de tus labios, vida
sí, eso es lo que yo escojo,
la que a mí más me cuida.

Preso de esos verdes ojos,
de esta pasión cumplida,
se me caen los anteojos...

... cada vez que te miro,
cada vez que te sueño,
cada vez que te tengo,
llenas mi vida de alegría.

———————

El otoño.

El otoño se acerca
con muy poco ruido,
apagadas cigarras,
unos grillos apenas…

… defienden el reducto
de un verano obstinado
en perpetuarse,
cuya suntuosa cola
aún brilla hacia el oeste.

Se diría que aquí no pasa nada,
pero un silencio súbito
ilumina el prodigio,
ha pasado un ángel
que se llamaba luz,
o fuego, o vida.

Y lo perdimos para siempre.

———————

Más allá de las estrellas.

Más allá de las estrellas
donde todo es oscuridad,
veo brillar esas luces bellas
son los ojos de la verdad...

... verdad nacida de un sueño,
un sueño hecho realidad,
una realidad de ensueño,
un gran soplo de libertad.

Cada día estoy más risueño,
pues cada día es más verdad
esa fantasía, deseo, sueño...

Que la luz de tus ojos bellos
que me atrapáis, sois dueños
de mi vida, y de mi realidad.

———————

Hasta que salga el sol.

Vuela la imaginación
y surgen las pasiones
carnales, que emoción
y laten los corazones...

... empujados a amarse
una vez y otra vez más,
no es posible cansarse
cada vez queremos más...

... y colmarnos de pasión
morder unos pezones,
lamernos con ilusión...

... amarnos sin hartarse,
como si no hubiese más,
y no dejar de besarse...

Hasta que salga el sol.

———————

No me canso.

No me canso de rimar,
no me agota escribirte,
no me canso de amar,
no me agoto de amarte.

Me canso de esperar,
me agota el tiempo sin ti,
me canso de ver el mar,
me agota no verte a ti.

No me canso de rimar,
no me agota escribirte,
no me canso de amar,
no me agoto de amarte.

———————

Pasión.

Se funden en un abrazo,
un gran beso de pasión,
sus labios siguen el trazo
marcado por su corazón ...

... y él se deshace de placer
entre sus lindos besos,
está ya a punto de arder,
le tiemblan los huesos...

... buscando con ansiedad
sus espléndidos pechos,
esto es una barbaridad...

... y adónde vamos a llegar,
como resistir tanto amor
esto nunca va a acabar.

———————

Lindas piernas.

Mirar esas lindas piernas
es como el mirar el mar,
y muerto de sed estar,
mirar esas carnes tiernas...

... si van encima con adorno,
con espectaculares ligueros,
los pulsos se ponen ligeros
y el corazón es un horno.

Mirar unas piernas lindas,
es mirar hacia el cielo aquel,
son como las guindas...

... te dan ganas, y brindas,
son coronas en un pastel,
vale más que ya te rindas.

____

Quería ser...

Yo quería ser tu mentor,
me llevé una sorpresa,
pues me saliste traviesa,
tu tenías mucho temor...

... me regalaste una flor
mi alma se quedó presa
de esos labios de fresa,
y te entregué mi amor...

... y mi canto es un clamor
cuando mi boca te besa,
nunca sentí tanto frescor...

... y al mismo tiempo calor,
el amor es dolor y pesa,
pero tu me diste valor...

... para poder amarte
con salero, con arte,
ojalá pueda darte
y que nunca me harte.

Nunca me hartaré de ti.

—————————

Torpeza.

Cuanta torpeza y mente difusa
si no acuden la inspiraciones,
esa ilusión de los corazones
que no tiene, que carece de musa.

Ningún motivo, ninguna escusa,
no hay derechos ni hay razones,
tu no sabes cómo me pones
si tú te desabrochas esa blusa.

Si me asomo a esos balcones,
esa gran belleza me engatusa
de esos esplendorosos pezones.

Unos ligueros y unos tacones
hacen como una montaña rusa,
donde se vuelven locas mis pasiones.

———————

Ocho de la mañana.

Son las ocho de la mañana,
ya solo faltan treinta horas
para poder ver tus lindos ojos,
ya solo queda una luna...

... para poder besar tus labios,
para acariciar tus mejillas,
para sentir tu piel en la mía...
... para gozar de tu belleza.

Son las ocho de la mañana,
toda una noche pensando,
toda una noche soñando,
cuándo llegará mi amor...

Son las ocho de la mañana,
ya solo faltan treinta horas,
para mí es una eternidad,
cuándo llegará mañana.

———————

Te volveré a amar.

Galopan las aguas de los ríos y rías
trazando su caudal hacía el mar,
como la sangre por las venas mías
en busca de esa mujer a la que amar.

En esa brisa cargada de lamentos
viajan mis sentimientos hacia ti,
como viajan mis pensamientos
ahora mismo que no te tengo aquí.

Recoge las caricias que te envío
en esa suave brisa de tu paraíso,
donde viaja feliz tu amor y el mío
ahora, en este momento preciso.

Cuando mañana te vuelva a ver,
gritarán las estrellas en el cielo,
alumbrarán ese pedazo de mar,
cuándo te vea te volveré a amar.

———————

Raíz cuadrada.

Eres la raíz cuadrada
de esta mi existencia,
sí, antes con la letrada
dominaba esa ciencia.

Con la administrativa
aunque no quiso título,
reconvertida en adictiva,
no va a fallar el cálculo.

Si antes con la abogada
nunca existió la carencia,
tuvimos para la fabada
con algo de paciencia.

Con la vendedora activa,
como cero es un círculo
cero será el déficit, ¡viva!
dejaré de ser un ser nulo.

———————

Ignorancia.

La ignorancia es muy atrevida,
la mala vista engaña mucho,
leía Longe, y pensé largo...
... en cambio era Lounge...
... es decir salón.
Y verdaderamente es...
un salón...

... el salón de una reina.
El salón de mi reina
de mi corazón.

Me dijo que no le dejaba
hablar, que no le escuchaba...
... no escucho otra cosa
que su voz,
no veo otros ojos
que los suyos.

Pero callaré, callaré,
preguntaré, preguntaré,
un tercer grado
le voy a hacer,
eso sí después de
escucharla.

Tempestad y calma.

Y las aguas volvieron a sus cauces
después la grandiosa tempestad,
nadie sucumbió ante las feroces fauces.
Los ríos volvieron a la tranquilidad.

Ilesos ahora, partimos de nuevo
en un viaje que puede ser efímero,
o no, a adivinar no me atrevo.
Lo cierto es que ya no soy bombero.

Se acabaron por fin las urgencias,
se acabaron ya tantas presiones.
Se acabaran ya las impertinencias,
ahora a por nuestras ilusiones.

———

Si me acaricias.

Si me acaricias yo vuelo,
en cambio cuando te vas
me caigo hasta el suelo,
me quedo aquí con la luna.

Mi alma llora sin consuelo,
busco entre la oscuridad
el suave tacto de tu pelo,
pero no tengo ayuda alguna.

Si me besas rozo el cielo,
en cambio cuando te alejas
mi mundo se vuelve hielo,
me abandona la fortuna.

Si me amas yo me desvelo,
en cambio si te perdiera
yo me volvería muy locuelo,
quién sería la que me acuna.

———————————

Cualquier día.

Cualquier día de estos
vaciamos nuestra mochila
de penas, y estamos prestos,
y nos ponemos ya la pila.

Dejamos de hacer el lila,
los huevos uno, no más cestos,
porque este tren descarrila
de unos mundos interpuestos.

De estos planes deshonestos
al fin la vida nos despabila,
y firmamos los manifiestos.

Que nos tenga yuxtapuestos
en esta edad que me jubila,
que nos sintamos predispuestos…

… a amarnos para siempre.

____

Aprendí a amarte.

Acuden recuerdos a mi mente
lejos quedaron los invernales días
de frías mañanas y de tardes frías
en cambio mi corazón ardiente...

porque sabía que tus ojos vería
como bálsamo de agua caliente
caricias para mi alma sonriente
sí, eso es lo que yo más quería...

cuándo a amarte a ti aprendía
mi alma y mi corazón valiente
repletos de ilusión y de alegría...

lejos de ti, esto ya me lo temía
es como si se cierra la fuente
de un amor que es la vida mía.

———————

Viven en mi mente.

Viven en mente tus encantos,
vive tu alma en la mía, amor
nunca imaginarás en cuántos
sueños, mis gritos son clamor...

... por sentirte a ti en mi corazón,
por poder acunarte en mi alma,
y amarte hasta la extenuación,
y proporcionarte a ti la calma.

Tal como tú haces conmigo,
tal como lo siento yo dentro,
así quiero estar yo contigo...

... y ya, en nada me concentro,
y ya, ni una rima consigo,
y ya, palabras no encuentro...
... que no sean para ti.

———————

Tierna placidez.

Esa tierna placidez
que tú me ofreces,
esos dulces besos,
ese cálido abrazo
me lleva al cielo,
y sin portaaviones
sin alas vuelvo,
porque tus eres
mi avión, mis alas,
mi mar, mi puerto,
sin ti estoy muerto,
contigo vivo.

Sí, vivo contigo...
… por lejos que estés,
y si te veo...
… mi sangre hierve,
mi corazón late,
mi alma se calma,
mi amor existe,
mi vida eres tú…
… y tu eres mi vida,
y por ti doy la mía,
cuando sea menester.
Doy fe.

———————

Maldita angustia.

Maldita seas angustia
que me agarras sin piedad,
por mis entrañas doloridas
por este mal de amor…

… ahora me falta el aire,
no puedo respirar sin ella,
sin pulsos en mis venas
cuando no está conmigo…

… mis carnes tiemblan de frío,
me hace falta su calor,
sentir el aire fresco
que me calma mi dolor…

… no vivo más que para amarla,
quiero sentirme suyo,
y así sentir cada mañana
que soy libre como el viento…

… porque ella es mi libertad,
ella es mi fantasía de amor,
ella me guía en la noche
y me mantiene vivo de día…

… si algún día que no la veo,
para mí no habrá día,
solo habrá oscuridad,
dolor, pena y muerte.

La amo, la adoro,
me quita el sentido,
me quita el sueño,
vivo solo por y para ella.

———————————

El teatro de la vida.

La vida es como un teatro
donde hacemos un papel,
no hacemos tres, ni cuatro,
es lo que aportamos en él.

Quién escribió mi guion
que se olvidó de ponerte,
cuando se abría el telón,
a veces quieren joderte...

... si te descuidas lo consiguen,
pero el telón aún está arriba,
que nos dejen, que no atosiguen...

... el último acto no está escrito,
lo escribiremos nosotros
de puño y letra, queda suscrito.

Así sea.

———————

Miro al cielo.

Cada noche miro al cielo
en busca de mi estrella,
sí, ya la veo, es aquella,
es mi único consuelo.

Abandonar este suelo
e ir a reunirme con ella,
es aquella, la más bella,
quiero acariciar su pelo.

Acabar ya este duelo
terminar este resuello,
iniciar por fin el vuelo.

Cada noche me desvelo
pues su luz me destella,
y no quiero más pañuelo.

———————

Noche.

Sombra de la madre tierra,
reina de la oscuridad,
es tu luz la luz de verdad,
más de uno se aterra,
a su sueño se aferra,
en sueños brindas derroche,
despliegas tus alas noche,
se apagan los colores,
despiertas nuevos amores,
al día le pones broche.

Carnaval.

La vida es como un carnaval
donde elegimos un disfraz,
el loco quiere parecer cabal,
el cuerdo nunca está en paz.
Pues...
Quisiera estar un poco loco...
... y un disfraz cumple una función,
tapar, esconder una realidad,
un disfraz cierra a un corazón,
enseña una mentira por verdad...
... y cuántos amigos nos quedarían...
... si nos quitáramos el disfraz...
... y cuántos de ellos regresarían...
... sí, el disfraz es como una cáscara...
... y dentro se encuentra el fruto...
... hay que elegir bien la máscara...
... y yo elijo el disfraz de loco...
... loco por ti.

No hay noche ni día.

No hay noche ni hay día
que mi piel no llame a tu piel,
no hay noche ni hay día
que me olvide del día aquel...

… no hay noche ni hay día
que no sueñe con mi amor,
no hay noche ni hay día
que me mate a mi el dolor...

… por no verte reír a mi lado,
no hay noche ni hay día
que no me quede callado...

… estos versos que te dedico,
cada noche y cada día,
¿de donde? ni yo me lo explico.

―――――――

A mi amigo Juan Carlos.

Es mi gran deseo que el destino,
te depare lo que bien mereces,
se consigue siempre y no a veces,
si se actúa como tú con tino.

No hace falta ser un adivino,
ni falta hace ser grandes jueces,
para ver tu amistad con tres dieces,
sin duda con mis palabras atino.

Sigue así por ese tu camino,
mantente para siempre en tus treces,
con ese humor tan culto y fino.

Que seas muy feliz en barcino,
que logres pescar allí muchos peces,
que pronto podamos tomar un vino.

––––––––––––

Retos.

No hay un reto que pueda
con este poeta muerto,
no hay cima ni hay puerto
que por el camino queda.

El amor mueve montañas,
la muerte ya no es muerte
porque tuve la gran suerte,
y que bien te las apañas...

... me alistas en campañas
para que yo pueda verte,
tienes fuerzas extrañas...

... con tus palabras de seda
me llevas siempre al huerto,
y me indicas la vereda.

____

Qué más quisiera yo.

Qué más quisieran
esas verdes praderas,
parecerse al color
de tus ojos...
Qué más quisieran
esas olas del mar,
parecerse al frescor
de las flores...
Qué más quisieran
esos ángeles del cielo,
parecerse a la luz
de las almas...
Qué más quisiera yo
que retozar de nuevo,
en esas verdes praderas
de tu cuerpo...
Qué más quisiera yo
que mojarme otra vez,
con esas olas del mar
de tu flor...
Qué más quisiera yo
que volar por los cielos,
buscando el brillo
de tu alma...
Qué más quisiera yo...

____

Hasta que salga el sol.

Vuela la imaginación
y surgen las pasiones
carnales, que emoción
y laten los corazones...

... empujados a amarse
una vez y otra vez más,
no es posible cansarse,
cada vez queremos más...

... y colmarnos de pasión
morder unos pezones,
lamernos con ilusión...

... amarnos sin hartarse
como si no hubiese más,
y no dejar de besarse...

... hasta que salga el sol.

____

Décima.

Me acaricias y vuelo,

en cambio si te alejas,

aquí perdido me dejas

sin amor y sin consuelo,

me arrastro por el suelo,

miro hacia esa luna

sin esperanza ninguna,

vuelve la cruel realidad,

me abraza la soledad,

se acabó la fortuna.

———————

Detrás del silencio.

Eres y serás silencio,
pero harás mucho ruido
antes de haber nacido,
así será lo sentencio.

Costo mucho arrancarte,
buscar en un sentimiento,
ahora estoy muy contento,
ya empiezo a amarte.

Conseguiremos guiarte,
no serás ningún cuento,
serás una obra de arte.

Ya te veo, lo presencio,
como lo hemos vivido,
desde Detrás del silencio.

———————

T'attendrai au paradis.

Seulement les déesses comme toi peuvent avoir tellement de lumière dans les yeux.

Seulement les étoiles comme toi peuvent briller autant que ton sourire.

Et je suis ici dans l'obscurité en attendant le moment de te revoir.

Si nous ne nous voyons pas parce que je décide de partir, je t'attendrai au paradis pour continuér à rire, à rêver et vivre...

… … …

Te esperaré en el paraíso.

Solo las diosas como tú pueden tener tanta luz en los ojos.

Solo las estrellas como tú pueden billar como tu sonrisa.

Y yo estoy aquí en la oscuridad esperando el momento de volver a verte.

Sí no nos veamos porque decido partir, te esperare en el paraíso, para seguir riendo, gozando, viviendo.

———————

Deseada.

Cerca de mi estás,

prohibida deseada,

a mi alcance, te insinúas,

te ofreces con esos gestos

a mis ojos,

a mis deseos ocultos.

A mi lujuria dormida,

escondida en los genes,

te miro, te miro...

... pido tu cuerpo como fruta

que al morderla deja mi boca encarnada.

Te imagino horizontal

en mi cobijo felino...

... y mis garras acariciándote,

desgarrando tu intimidad.

Te estoy amando,

como tú quieres...

... eres perfecta...

quema tu piel, y la mía,

tu sangre arde, y la mía,

tú lo sabes.

Tu cuerpo gime, y el mío,

lloramos de placer, de amor,

tan cerca de mí estás,

como un ángel en su cielo,

fusionada, prendida

en mi alma risueña,

sí, deseada y prohibida.

———————

Malditas verduras.

Verdes como mis ojos verdes,

entráis suaves y buen sabor,

queréis salir cual rebeldes,

y ahora con este fuerte dolor.

Y el Joan con sus pimientos,

con esa forma de cucurucho,

que agudizan mis tormentos,

y anda que ayudan mucho.

Menos mal que con sus besos,

se calman un poco estos gases,

que se acumulan en exceso.

Ayudarme, cariño por favor,

yo también te quiero mucho,

y sabes, el amor todo lo arregla.

———————

Pócimas para las verduras traidoras.

Así haría yo…

Tal que un ave se posa en la tierra…

… así me posaría yo en tu regazo.

Suavemente, acariciándolo…

… tomando tierra entre tus senos.

Lamiendo tu agradable dulzor…

… calmando tu sed de amor.

Bebiendo de sus fuentes…

… abrazando tu alma de mujer.

Con mis afiladas garras peinaría…

… tus hermosos y largos cabellos.

Mirándome en tus bellos ojos…

… así te estaría yo amando.

Hasta el día del fin del mundo…

… desde allí hasta las estrellas,

… más allá del universo,

hasta allí es mi amor por ti.

———————

Sus ojos.

Sus ojos son de otro color,

más su mirada es la misma,

sus labios son el sabor del amor,

los tuyos saben a primavera.

Me visita, como tú me visitas

cada noche y cada día,

no son encuentros, son citas,

citas con el amor más puro.

Entras y sales de mí cuando quieres,

pero no quieres, como yo, no quiero,

me relanzas a mí mis poderes,

y yo a ti, sabes por qué, porque te quiero.

Verdades como templos.

____

Sin adorno.

Son sus palabras, sus gestos

sus dulces besos, su frescura,

los que me llevan a la locura,

los que ciegan a los ojos estos.

Son sus caderas, su contorno,

sus manos, sus piernas, sus pies,

me ponen el mundo al revés,

y mi corazón es como un horno.

No le hace falta ningún adorno,

es ella la que adorna mi vida,

y es quien me lleva al trastorno.

De besos le daría sin mesura,

de flores la llenaría a cestos,

bonito amor y bonita guapura.

———————

Muy cerca.

Oigo el gemir de placer

de la rosa de mis amores,

siento vibrar su alma

junto a la mía...

Me emociono y me altero

con sus bellas palabras,

la siento dentro de mí,

la tengo dentro de mí.

El amor es castigo de Dios

cuando se te niega,

el amor es dolor en el corazón

cuando está lejos.

Pero tu no estás lejos

estás muy cerca, muy cerca

rosa de mi pasión,

luz de mis ojos.

———————

Mi fantasía.

Me sumerjo esta noche

en mi fantasía de amor,

buceo por tus entrañas

navego por tus mares,

no quiero llegar a destino.

Estoy muy bien aquí,

apoyando mi mejilla

en tus senos, dormido

en un sueño que quiero

que sea eterno...

… que no acabe nunca.

Es mi amor de fantasía,

es la magia de un amor

prohibido y deseado,

hace que salgan de mi mente

los instintos más salvajes.

Las pasiones ocultas,

limpio mi alma de tristezas,

invierto en salud sexual,

pienso en ti amor mío,

noche y día pienso en ti...

... eres mi fantasía de amor.

———————————

Una noche sin ti.

Una noche sin ti
es un eclipse de luna,
una noche sin ti,
no, no quiero ni una.

Unos ojos que se cierran
pero yo los sigo mirando,
los velo en la cruda noche,
y así los sigo amando.

Cuando esos ojos mañana
enseñen su verde color,
e irradien toda su luz,
aquí estará su amor.

Duerme dulce chiquilla,
viaja por un largo sueño,
espera aquí quien te ama
y un día quiere ser tu d.

¿Qué palabra sigue…?

———————

Presto a zarpar.

Sopla el viento de la tramontana
y cruje el casco de mi velero,
no espera una nueva mañana
harto de este mundo austero,

las velas prestas están ya a volar
sueñan con esa nueva travesía,
debo ahora salir a navegar,
el viento me ha de servirme de guía,

soltar esas amarras, vibrar, zarpar,
buscar ese que será mi destino,
mi sed y mi abrigo será la mar,

hasta ese nuevo mundo certero,
mi mente y mi alma está sana
al lado de ese hombre que quiero.

———————

Necesito volar.

Si nos aprietan el cuello,
buscamos la libertad,
si nos quitan la vida,
buscamos la verdad…

… muy dentro del corazón
donde no entran aquellos
que cercenan los sueños,
no son nobles, son plebeyos…

… los que niegan libertades,
los que tiran de la soga
para según que amistades.

Antes prefiero la soledad,
sentir, gozar de mi vida,
volar en busca de mi verdad.

———————

Hoy.

Mi poema de hoy
no puede incluir
ni gozos ni alegría,
pues esto no es vivir.

Pero ahí que voy,
me siento morir,
me duele el alma,
no volveré a reír...

… si no estás a mi lado,
mi alma está vacía
mi corazón helado,
te añoro vida mía.

Me arden las venas,
me crujen los huesos,
me abrazan las penas,
me faltan tus besos...

… y me falta tu risa
que apaga mi sed,
y me falta tu brisa,
soy pez en tu red...

… cautivo de tu encanto,
no como, ni duermo,

ni sueño, ni vivo, ni canto,
es verdad enfermo...
67

... y para qué la vida,
sin tu dulce mirada,
no hay ninguna salida,
sin ti no hay nada.

____

Cómo no voy a adorarte.

Cómo no voy a adorarte,
si me llevas al cielo,
si lo tuyo es puro arte,
si somos almas gemelas.
Cómo no voy a quererte,
si me arrancas la tristeza,
si me salvas de la muerte,
si me mantienes vivo.
Hoy me traes al recuerdo
el sabor de un chocolate,
unos "brioixos", me acuerdo,
una nata que era nata…
… unas tardes de ensueño,
una niñez de felicidad,
esto debe ser un sueño,
vidas que son paralelas…
… separadas por el tiempo,
pero las mismas vivencias,
aún estamos a tiempo,
de revivir ese paraíso,
… de dulzura y sentimiento,
de amor a nuestra ciudad,
es mi mejor alimento,
ya puedo morir en paz.

Crueles condenas.

Tal que las crueles condenas,
eso será este mes para mí,
cinco larguísimas semanas
sin desfrutar de verte a ti.

Cómo voy a sobrevivir a eso,
cuántas horas de fría soledad,
cuántas jornadas sin un beso
y cuántos ratos de ansiedad.

Que aceleren los relojes a tope,
que los días pasen en un segundo,
que el tiempo vaya a galope,
que vuelva yo pronto a mi mundo.

Que me espera allí mi amor,
y el que espera… desespera,
que me espera allí el frescor,
el candor, la dulzura, la repera.

Quiero volver y aún no me he ido.

———————

Cuando mañana te vuelva a ver.

Galopan las aguas de los ríos y rías,
trazando su caudal hacía el mar,
como la sangre por las venas mías,
en busca de esa mujer a la que amar.

En esa brisa cargada de lamentos,
viajan mis sentimientos hacia ti,
como viajan mis pensamientos
ahora mismo que no te tengo aquí.

Recoge las caricias que te envío
en esa suave brisa de tu paraíso,
donde viaja feliz tu amor y el mío...
... ahora, en este momento preciso.

Cuando mañana te vuelva a ver,
gritarán las estrellas en el cielo,
alumbrarán ese pedazo de mar,
cuando te vea... te volveré a amar.

———————

Más allá de las estrellas.

Más allá de las estrellas
donde todo es oscuridad,
veo brillar esas luces bellas,
son los ojos de la verdad...

... verdad nacida de un sueño,
un sueño hecho realidad,
una realidad de ensueño,
un gran soplo de libertad...

... cada día estoy más risueño,
pues cada día es más verdad
esa fantasía, deseo, sueño...

... que la luz de tus ojos bellos
que me atrapáis, sois dueños
de mi vida, y de mi realidad.

———————

Dibujar patos.

Quisiera hacerle a esos patos
de esta forma que yo dibujo,
un hermoso par de zapatos,
serían unos zapatos de lujo.

Pero para qué los van a querer,
si es poco lo que van andando,
seguro que no se los van a poner,
pues están todo el día nadando.

No sé si será hoy o cuándo,
pero yo nadaré como un pato,
de momento por aquí ando...

... y en mi princesa pensando,
y mientras los veo nadar,
a mi princesa estoy amando.

———————

Subir o bajar.

En efecto, se trata de un ascenso,
el monte de venus es punto y cima,
y de los placeres el más inmenso,
sí, subir al cielo es hacer que gima...

... una princesa.

Y yo subiré a ese tu campanario,
y haré que redoble tu campanita,
como el bello canto del canario,
la más hermosa, la más bonita...

como aquella bella flor de botón,
de entre todas la más humilde,
sin duda argumento de mi guion,
porque pone a mi letras la tilde...

... cuántas veces yo me acuerdo,
en mis largas horas de soledad,
recuerdo a mi bello chimuerdo,
y te añoro y te deseo de verdad.

———————

Montaña rusa.

M'ho desmanes tù, hi no em puc negar. Espero no
arrepentir-me.

A bordo de esta montaña rusa,
que atormenta sin cesar mi mente,
subir esa cuesta, adorar mi musa,
dejando la vida sin ser consciente...

A bordo de esta montaña rusa,
que lastra a este corazón ardiente,
bajar esa cuesta, la mente confusa,
dejando ahogarme lentamente...

Más antes que se seque mi fuente,
y sin que medie ninguna escusa,
antes que mi fuerza se ausente...

... jamás podré dejar inconclusa,
ni una obra o inspiración latente,
aunque mi mente esté obtusa.

———————

Cuando me despido.

Cuando me despido,
la tristeza me abraza
y me da un vahído,
salgo a esa terraza...

... que tengo en la mente,
donde estaría con ella,
allí tan tranquilamente,
mirando a mi estrella...

... platicando, ¡es tan bella!
pero ahora se ha ido,
y su ausencia deja huella...

... su recuerdo me destella
en mi corazón ardiente,
y mi alma se atropella.

———————

Estoy contigo.

No amor, estoy contigo
el pasado no existe
si tú estás aquí conmigo
desde que apareciste...

...se borró todo, viniste
me diste la vida y abrigo
y mi corazón abriste
por eso yo te bendigo...

Soy tu esposo, tu amigo,
mi vida solo consiste
en dejar de ser mendigo...

...al pasado lo maldigo,
te amé, te leí, me leíste...
Sí amor, estoy contigo.

———————

Incomparable.

Nada es comparable,
nada se le parece,
es algo imparable,
es como si florece...

... una nueva primavera,
es renacer otra vez,
es como el áloe vera,
vale para todo a la vez...

... para curar la soledad,
y la pena y la tristeza,
es un acto de piedad...

... es la única verdad,
es la única belleza,
el amor es libertad.

———————

Sobrecarga

La carga emocional
hoy no me permite
seguir hasta el final,
si no sale se omite...

... el cerebro no admite
sobrecarga sensual,
mejor que se limite,
para hacerlo mal...

... y para quedar fatal,
mejor que no grite,
el salero está sin sal...

... que el corazón palpite
al ritmo de un timbal,
si no hay quien lo habite.

____

Quién me lo iba a decir.

Quién me lo iba a decir a mi,
yo en estos códigos rojos,
quién te lo iba a decir a ti,
tú recibiendo a estos ojos...

Que no se cansan de mirarte,
que no dejan de adorarte,
que nunca dejaran de amarte,
con esta pasión y con arte...

Y esto te lo digo a parte,
sí, eres para mí la más bella
que he visto en ninguna parte...

Nada habrá que de ti me aparte,
porque eres ya sabes, mi estrella,
y ahora mismo quisiera besarte.

––––––––––––

Sin ton ni son.

Un ictus de corazón,
una marea de fondo,
un dolor muy hondo,
un reto a la razón...

… un amargor dulzón,
pero no me desfondo,
tampoco me escondo,
de este destino burlón...

… de este rumbo ladrón,
que me roba orondo,
ese maldito bribón...

… sin mí con el guasón,
me deja el sin, tondo,
y eso sin ton ni son.

———————

No me busques.

No me busques soledad,
que no te veo ni quiero
erte nunca, nunca más,
no me mires, no te veo...

... fuiste mi tempestad
pero ya no te espero,
pura hija de Satanás,
no escribas... no te leo...

... rengo ya mi libertad,
y a la mujer que quiero,
no me tendrás jamás,
no llames a este leo...

... ni te escucho la verdad,
ando en otro derrotero,
y te digo que además,
que de ti ya no soy reo.

———————

Et dic guapa.

Em dius adéu i apa,
i jo aquí em quedo,
no em dius guapa,
i així com buido...

... absort, sense capa,
amb fred i bledo,
i escolta, se t'escapa
que amb els ulls parlo...

... et dic sempre guapa,
si amb els ulls, guapa
perque ets guapa,
i jo no sóc ceg, guapa.

———————

Siempre juntos.

Chutes me das de vida
inyectados en vena,
con ese tu empuje,
tu entereza, tu brío...
… tu fuerza y lucidez
me enamoran otra vez,
cada vez más y más,
no pierdes el compás...
… bailas como las hadas
en este duro destino,
navegar, sí siempre,
y siempre juntos...
… y ya lucen las velas blancas
en nuestro bergantín,
dos palos tiene la nave,
que un día ha de partir...
… a surcar esos mares
que sembramos día a día,
con palabras de amor,
y con hechos...
… como el beso que nos dimos
sin miedo y sin rubor,
en medio de la fría calle,
donde nos dijimos....
… adiós

———————

Te siento en mí.

Todo mi entusiasmo
amor de mis amores,
con cada espasmo
flores de mil colores...

Veo en cada orgasmo
y el olor de las flores,
hago un metaplasmo
al sentir tus olores...

Así es como yo plasmo
mis placeres mayores,
en forma de pleonasmo...

Yo también tengo orgasmo
y me refugio en tus favores,
cuando me siento marasmo.

———————

Felicitations.

Rien de plus fantastique
que de cultiver l'amitié,
important pour l'humanité,
a la distance Veronique...

J'ai aujourdui l'honneur
mercy a la beni elétronique
povouir moi communiquer
nos voeux de bonheur...

En ce jour d'anniversaire
avec votre fidèle Gaspar
inséparable et nécessaire...

Je souhaite cher Veronique,
passiez une journée plein
de joie de grandeur océanique.

Por eso quiero vivir.

A veces la loca inspiración
está feliz de vacaciones,
y con esas viejas canciones,
alivio a este mi corazón...

Que late por tener la vida
empeñada en revivir,
que la tiene comprometida,
a quien no le deja morir...

No, no hoy no voy a partir,
mi nave está anclada en tu puerto,
por eso es que hoy quiero vivir...

Porque para eso de estar muerto,
tiempo habrá, tiempo al tiempo,
que hoy tengo que regar mi huerto.

———————

No debo mirar atrás.

No debo pero bebo
de ese triste pasado,
nada queda de lado,
palabras que son cebo...

Trampas que repruebo
de un tiempo denostado,
y ya estoy cansado,
de tanto y tanto placebo...

Mira que pruebo y pruebo
de no mirar para atrás,
y parezco un mancebo...

Digo que no lo hago más,
un ramillete de acebo
y vuelta y vuelta, hacia atrás.

———————

Placebos activos.

Malditos virus, bacterias
que atacan a mi amor,
congestiones, alergias
y en su garganta dolor...

A ver si el ibuprofeno
hace su buen efecto,
y actúa y pone freno
a ese cuerpo perfecto...

Yo prefiero paracetamol
será por el gran parecido
a su primo "pancetamol"...

Yo me trato con panceta
y buenos filetes de carne,
para que se infle la jeta...

Y que su fuerza me arme,
dominar de la a, a la zeta,
y que nada nos alarme...

———————

Esperpento.

Algo esperpéntico,
un poeta del amor
metido a científico,
eso sí, con dulzor...

Tu dulzor primor,
y además patético,
no soy ni pintor,
ni soy ni médico...

Ni siquiera músico,
ni domino el humor,
tampoco soy crítico...

Y esto me da pavor,
pero nada más gráfico...
por los pies darte amor.

———————

A Detrás del Silencio.

Un nuevo sueño
que cobra vida,
la fantasía
es ya realidad,
quien silencia
tapa la verdad...

... fuiste dueño
de nuestra vida
día a día,
la casualidad
es una ciencia,
la creatividad...

... arte y empeño,
te dieron la vida,
esa alegría,
esa lealtad,
esa paciencia,
y esa bondad...

... con ese diseño
hecho a medida
del alma mía,
pura libertad,
pura esencia
de la dualidad...

...ese ensueño,
pasión vivida,
la valentía,
y la voluntad,
te conducía
a la eternidad...

————

Brillarás brillaré.

Fue esa primera vez
cuando mis ojos cerré,
en busca de nitidez,
a la razón me aferré...

Cegado me enamoré
de ella en aquel acto,
a los ángeles apelé,
hice con ellos el pacto...

Quise actuar con tacto
y con ese tacto actué,
al salir del gran impacto,
y mis ansias acallé...

El tiempo sería el juez
con paciencia esperé,
como en pecera el pez,
sin aliento pero llegué...

Mis versos le entregué,
ella los cogió ipso facto,
un gran riesgo afronté,
no era claro un contacto...

No había nada exacto
pero de veras me alegré,

era un cuadro abstracto,
enseguida auguré...

Una enorme brillantez
un día la abrazaré,
gozaré su desnudez
Sí, un día la amaré.

De amarla no me harto
siempre la adoraré,
mis versos en el asfalto,
llamarás y acudiré...

Mi corazón está intacto
nunca te abandonaré,
y por eso te lo redacto,
Sí, brillarás y brillaré.

—————————

La mar espera.

Preparo mi equipaje
que la mar me espera,
para un nuevo viaje,
y eso con carraspera...

Será de lucir al viento
en un día cualquiera,
la desnudez del cuento,
sea lo que dios quiera...

Ahí vamos, nos espera
en una nueva travesía,
esa dulce y mañanera...

Que es para mi la primera,
que amo yo cada día,
sin ella yo no viviera.

____

Princesa consorte.

Dama de mis sueños bellos,
dulce flor de mis amores,
princesa de mis pasiones,
no me bajes nunca de ellos...

Acariciar tus largos cabellos,
es como saborear las mieles,
gozar oliendo como tu hueles,
es soñar los sueños aquellos...

Y esos ojos y sus destellos,
que me indicaron este Norte,
de besar esos tus labios bellos...

Hoy y ante esta fiel cohorte,
ante vos patricios y plebeyos
de mi princesa soy consorte.

Carpeta viajera.

Infame y cuentista
¡Que son mis cuentos!,
y con aquella lista,
aunque hagas cientos...

Guarda tus talentos
que eres un arista,
pero hay momentos,
que te sales de la pista...

Todos para mí, amor
que son mi alimento
todos para ti, mi amor...

Que eres un portento
todos para ti, mi amor
siempre te llevo dentro.

———————

Aura brillante.

Detrás diamante.

Ancha es Castilla,
ancho es el mundo,
y a toda pastilla
que si no me hundo...

... Málaga y Sevilla,
sendero profundo,
pongamos semilla,
sin pasar un segundo...

... territorio fecundo,
no perdamos la silla,
y si me confundo...

... que nos den morcilla
nuestra Aura difundo
y, sí, nuestra hija brilla.

... ...

Y detrás va Detrás,
que le sigue a la zaga,
qué queremos más,
no hay quién lo haga...

... y si hay arte se paga,

flotaré y flotarás,
que esto no se apaga,
creceré y crecerás...

… tranquila que lo verás,
esta nave no naufraga,
remaré y remarás...

… viento a favor mi amor,
te amaré, me amarás,
y te deseo, con fervor.

———————

Alejandrinos.

Rendir homenaje a los grandes nos hace sentir grandes y pequeños a la vez. A las figuras retóricas de Rubén Darío y de otros grandes poetas.

El amor de una princesa.

Sueña la princesa con castillos en el aire,
agita su pañuelo con gracia y donaire.
Envidia tienen esas rosas de su belleza,
capricho de amor para un príncipe valiente,
y nada puede ocupar ya más en su mente,
por ella podrá incluso perder la cabeza.

Perder la cabeza por un amor de princesa,
es ganar el cielo en vida y el alma presa.
Es la victoria más grande en una batalla,
para el valeroso heredero de un trono,
y digno triunfo a los cuatro vientos pregono,
pues príncipe ha de ser pero de mucha talla.

———————

Nada más lejos de mí.

Nada más lejos de mí, ver llorar a una flor,
nada más cerca de mí, que conocer el amor
Pintaban bastos y la partida en renuncio,
ningún as en la manga, ninguna jugarreta,
y tendido al viento como frágil veleta,
tal cual soy y de esta forma me pronuncio.

Nada más lejos de mí, que agachar el hocico,
nada más cerca de mí, a mis cuarenta y pico.
Abrazo su amor, como me abrazo a la vida,
sumerjo mi alma en ella sin más coraza,
que el linaje y el fiel coraje de mi raza,
reto a la muerte y sigo en la partida.

Sueños de soñadores.

Historias recientes, acuciantes, penetrantes
como las hiedras con sus tercas garras punzantes.
Y tiernas y jugosas como dientes de león,
son las dulces amarguras de la existencia,
desgarros en el fondo de la consciencia,
elixir anodino que sana un corazón.

Sueños de los soñadores, cazadores de almas.
Que unas veces lloran, y otras tocan las palmas.
Esas noches de parlamento con la soledad,
abrigo y refugio de alocados poetas,
principio, origen, final de todas las metas,
historias de amor y fuente de la serenidad.

Mi incursión en el mundo de la poesía la componen, una antología en tres volúmenes, Rimas y Más, recopilatorio del patrimonio literario heredado y basado en las enseñanzas de mi maestro y poeta. Y esta visión masculina de la poesía escrita por una mujer, en mi obra Poemmas.

Emma Arlubins